BEI GRIN MACHT SICH II
WISSEN BEZAHLT

- Wir veröffentlichen Ihre Hausarbeit,
  Bachelor- und Masterarbeit

- Ihr eigenes eBook und Buch -
  weltweit in allen wichtigen Shops

- Verdienen Sie an jedem Verkauf

Jetzt bei www.GRIN.com hochladen
und kostenlos publizieren

Andre Hiller

Erstellung eines Rechnungswesen–WebCT Kurses und eines Grundlagenhandbuchs zu WebCT

GRIN Verlag

Bibliografische Information der Deutschen Nationalbibliothek:

Die Deutsche Bibliothek verzeichnet diese Publikation in der Deutschen National-
bibliografie; detaillierte bibliografische Daten sind im Internet über http://dnb.d-
nb.de/ abrufbar.

Impressum:

Copyright © 2002 GRIN Verlag GmbH
Druck und Bindung: Books on Demand GmbH, Norderstedt Germany
ISBN: 978-3-638-72823-2

Dieses Buch bei GRIN:

http://www.grin.com/de/e-book/15713/erstellung-eines-rechnungswesen-webct-
kurses-und-eines-grundlagenhandbuchs

GRIN - Your knowledge has value

Der GRIN Verlag publiziert seit 1998 wissenschaftliche Arbeiten von Studenten, Hochschullehrern und anderen Akademikern als eBook und gedrucktes Buch. Die Verlagswebsite www.grin.com ist die ideale Plattform zur Veröffentlichung von Hausarbeiten, Abschlussarbeiten, wissenschaftlichen Aufsätzen, Dissertationen und Fachbüchern.

Besuchen Sie uns im Internet:

http://www.grin.com/

http://www.facebook.com/grincom

http://www.twitter.com/grin_com

Erstellung eines Rechnungswesen –
WebCT Kurses
und eines Grundlagenhandbuchs zu WebCT

von

Andrè Hiller

Hochschule Anhalt (FH)
Hochschule für angewandte Wissenschaften

Fachbereich Wirtschaft

Abteilung Bernburg

Strenzfelder Allee 28

06406 Bernburg

Hausarbeit

Erstellung eines Rechnungswesen – WebCT Kurses und eines Grundlagenhandbuchs zu WebCT.

Projektteilnehmer:

Name: **Andrè Hiller**

Studiengang: BWL

Studienfach: Betriebsinformatik

Datum: 17.01.2002

Gliederung:

Abbildungsverzeichnis

Abkürzungsverzeichnis

E-Learning	Electronic Learning
WebCT	
WBT	Web-Based Training
CBT	Computer-Based Training
req	required (benötigt)
opt	optional (zusätzlich)

0.   Zielstellung

Das Thema dieser Hausarbeit ist die Erstellung eines Online-Lerkurses mit Hilfe der WebCT Software für das Lehrgebiet Rechnungswesen und die Erstellung eines Grundlagenhandbuches zu WebCT.
Die Arbeit wurde dabei in einen theoretisch orientierten Teil und in einen praxisorientierten Teil untergliedert.
Im Vorfeld beschäftigt sich der Theorieteil dabei mit der Frage: „Was heißt E-Learnig?". Des weiteren wird näher erläutert, welche neuen Möglichkeiten durch die Nutzung von WebCT für den Lehrenden eröffnet werden.
Im Praxisteil der Hausarbeit wird dargestellt, wie E-Learning, insbesondere WebCT, an der Hochschule Anhalt Abteilung Bernburg bereits eingesetzt wird. Um dazu eine bessere und objektive Aussage treffen zu können, wurde eine Untersuchung durchgeführt in der bestimmt wurde, wie das Internet von den Lehrenden an der Hochschule derzeit genutzt wird.
Es werden weiterhin der Grundaufbau sowie die Vorteile und Nachteile, des zu erstellenden WebCT Kurses aufgezeigt.

Da WebCT von Unternehmen als eine einfache und gleichzeitig wirksame Lehrmethode u.a. im Personalwesen zur Mitarbeiterschulung eingesetzt wird, ist dadurch der Bezug zum Lehrgebiet Betriebsinformatik sichtbar. WebCT ist eine Anwendungsmöglichkeit der EDV in der betriebwirtschaftlichen Arbeit. Durch die elektronische Auswertung von Online- Tests lassen sich schnell Aussagen über den Wissensstand von den Mitarbeitern treffen und daraus Konsequenzen für die weitere Aus- oder Weiterbildung ableiten.

Im Anhang zu dieser Hausarbeit ist die Online-Lern-Software WebCT näher erläutert. Außerdem wird ein kurzer Abriss über die Anwendungsmöglichkeiten von WebCT aus der Sicht des Designers (Lehrkraft) dargestellt, um die Erstellung von Kursen zu erleichtern.

1.   E-Learning

1.1.   Definition: Was ist E-Learning ?

Mit dem Aufschwung des "World Wide Web" hat die Möglichkeit der Nutzung des Internet als Ausbildungswerkzeug auf der ganzen Welt für Aufsehen gesorgt und das Interesse im Bildungs- und Wissenschaftsbereich geweckt. Viele Professoren an Hochschulen und Lehrer haben sich schon der Herausforderung gestellt virtuelle Klassenzimmer aufzubauen und immer mehr Schulen werden vernetzt, um die Möglichkeiten des Electronic Learning für alle Schüler verfügbar zu machen. Die Branche boomt und wird in atemberaubender Geschwindigkeit weiterentwickelt.

Was aber genau ist E-Learning?
Es ist:
- Lernen ohne Grenzen
- Kombination von Informationstechnologie und Ausbildung
- Studium im Cyberspace

Das Internet hat den großen Vorteil, dass es sowohl zum Lehren als auch zum Lernen verwendet werden kann. Beide, Ausbilder und Auszubildender haben die Möglichkeit Informationen aus dem Netz zu ziehen. Es spart Anstrengungen und Zeit, ein paar einfache Mausklicke und man ist bei dem gewünschten Thema. Praktisch ist es außerdem an der Hochschule, wenn man sich zum Beispiel für ein Referat über ein bestimmtes Gebiet informieren muss. Anstatt lange Bücher oder Zeitschriften zu wälzen, gibt man einfach den gewünschten Begriff in die Suchmaschine ein. Für wissensdurstige Schüler, die sich abseits der Schule noch weiterbilden wollen bietet das E-Learning die geeigneten Voraussetzungen. Ob News aus Amerika, Indien oder Australien, das Internet ist global und ermöglicht auch dies. Lernen ohne Grenzen, an jedem Ort und zu jeder beliebigen Zeit, 24 Stunden am Tag, gehören also zu den Merkmalen des Electronic Learning.[1]

---

[1] www.rfg.fr.bw.schule.de

1.2. Kombination von Informationstechnologie und Ausbildung

Das World Wide Web liefert Informationen zu jeder Zeit und an jedem Ort. Es ist ein unverzichtbarer Aspekt, welcher nicht mehr wegzudenken ist, da er das Geschäft in den neuen Wirtschaften vorantreibt. Heutzutage basiert Geschäft auf Fachwissen und Lernen wandelt Informationen in dieses Fachwissen um. Die Informationen erhält man natürlich am einfachsten und besten durch die multimedialen Medien (Internet, CD-ROM, Fernsehen,...). Um später optimal mit diesen Medien umgehen zu können ist es also wichtig, sie schon bei der Ausbildung kennen zu lernen. Electronic Learning gehört also auch zur Ausbildung an der Schule.

1.3. Studium im Cyberspace

Das ganze Studium via Internet - anmelden zum Seminar, bearbeiten der Aufgaben, chatten mit den Kollegen der Arbeitsgruppe, Fragen an die Professoren - alles zu Hause am heimischen Computer. Dies ermöglicht z.B. die Fernuniversität im westfälischen Hagen. Studiengänge, die ausschließlich Online angeboten werden gibt es jedoch wenige.

Wird die Online-Hochschule das Lernen in Hörsaal und Seminar ersetzten? Soweit ist es zwar noch nicht, aber Tatsache ist, dass deutsche Hochschulen ihre Angebote im Internet ausbauen: Überall in Deutschland entstehen derzeit virtuelle Hochschulen ("Virtuelle Hochschule Bayern", "Virtuelle Fachhochschule", "Virtuelle Universität Oberrhein", "Projektverbund Virtueller Campus", "Virtuelle Deutsche Universität"). Die Entwicklung geht rasend, neue Medien und Kommunikationsmöglichkeiten entstehen, die man im Bildungsbereich nutzen kann, der Bund investiert 42 Millionen Mark in die Projekte, der Freistaat Bayern 22 Millionen und glaubt man der Studie "Szenario 2005", so wird bereits in fünf Jahren mindestens die Hälfte aller Studenten an virtuellen Hochschulen studieren. Vorreiter der ganzen Entwicklung und Revolution der Informationstechnologien ist Amerika, wo es schon seit Jahren Hochschulen gibt, die nur im Netz bestehen ("University of Phoenix", "Regents College").

Schnellere Datennetze sowie leistungsstärkere Rechner werden die Entwicklung weiter vorantreiben. Es ist jedoch nicht anzunehmen, dass eine neue Technologie die alte komplett ablöst. Es wird vor allem eine Erweiterung der Möglichkeiten sein und nur für die Studenten reizvoll sein, die sich zusätzliche Qualifikationen erarbeiten wollen.[1]

---

[1] www.Spiegel.de November 2001

2.   Die Tendenz des E- Learning, Statistiken

2.1   Einsatzformen von E- Learning

In diesem Themengebiet wurde zunächst die Frage gestellt, ob E- Learning überhaupt von den Unternehmen genutzt wird. Diese Frage wurde, wie man der Grafik entnehmen kann, von 88% der Unternehmen mit Ja beantwortet. 12% der Unternehmen setzen E- Learning nicht ein. Dieses Ergebnis kann man als hoch bewerten und feststellen, dass in ca. 9 von 10 Unternehmen E- Learning genutzt wird.

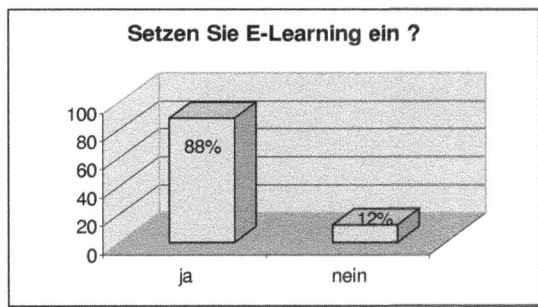

Abb.1 : Einsatz von E-Learning in den 350 Top Unternehmen

Auf die Frage nach unterschiedlichen Erscheinungsformen waren die Antworten wesentlich geteilter. Die Auswertung zeigt, dass die seit mehreren Jahren bewährten Anwendungsformen CBT sowie Schulungsvideos auch heute das Anwendungsspektrum beim E - Learning dominieren. 93% der Unternehmen setzten CBTs ein, 2/3 der Unternehmen verwenden Schulungsvideos.[1]

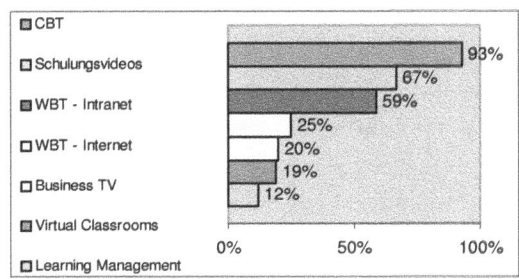

Abb.2 : Formen von E-Learning

---

[1] Studie der "Financial Times" Mai 2001

2.2.   Organisatorische Verankerung von E- Learning

Es wurde gefragt, in welchen Bereichen E- Learning im Unternehmen organisatorisch verankert ist. Auch hier waren mehrere Antworten möglich. Es dominiert eindeutig der Personal- bzw. Weiterbildungsbereich bei der organisatorischen Verankerung. Eine gewisse Bedeutung hat auch der IT - Bereich.

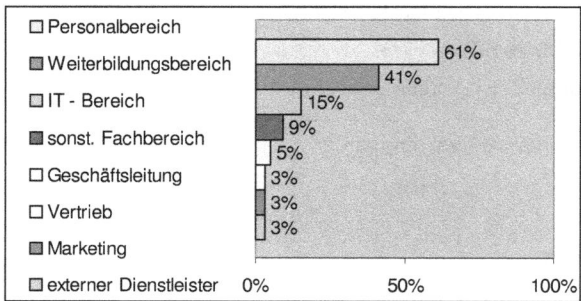

Abb.3 : Organisatorische Verankerung von E-Learning

2.3.   Nutzung von E- Learning

Die Fragen nach dem Anteil der Mitarbeiter, die E- Learning bereits im Jahr 2000 nutzten, war nur bei etwa bei 40% der rückgelaufenen Fragebogen beantwortet. Dies kann verschiedene Ursachen haben. Es ist z.b. möglich, dass bezüglich der E- Learning Maßnahmen keine separaten Aufzeichnungen geführt werden, so dass die Fragen also nicht beantwortet werden können. Nur bei jedem fünften Unternehmen, das auf diese Frage geantwortet hat, werden mehr als die Hälfte der Mitarbeiter mit E- Learning geschult.

Damit erreicht E- Learning bei weitem nicht die Anzahl der Mitarbeiter wie klassische Lernformen. Die Ergebnisse der Studie lassen vermuten, dass die Durchdringung von E- Learning in den nächsten Jahren zunehmen wird. Die gleiche Frage wurde für das Jahr 2001 gestellt. Es beteiligten sich deutlich mehr Unternehmen und kaum eines plant das E- Learning zurückzufahren. Der Anteil der via E- Learning zu schulenden Mitarbeiter verdoppelte sich sogar.[1]

---

[1] Studie der "Financial Times" Mai 2001

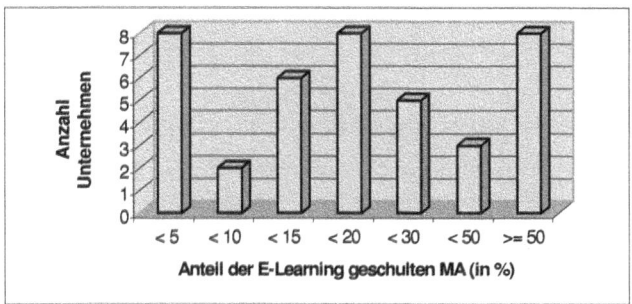

Abb.4 : Anteile Mitarbeiter in E-Learning Maßnahmen

Einen guten Indikator für die Bedeutung von E- Learning in der Aus- und Weiterbildung stellt das zur Verfügung stehende Budget dar.

Von den befragten Unternehmen soll der E- Learning Anteil immerhin bei jedem
fünften Unternehmen größer als 20% sein. Bei 40% der Unternehmen ist der Anteil mit
unter 5% relativ gering.[1]

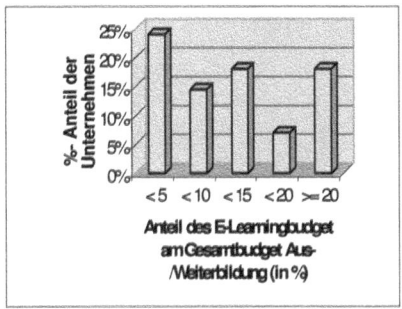

Abb.5 : Anteil E-Learning Budget

---

[1] Studie der "Financial Times" Mai 2001

3. Vor- und Nachteile des E- Learning

Vorteile:

In der Informations- und Wissensgesellschaft ist kontinuierliches Lernen der Weg zum Erfolg. Das Lernen der Zukunft orientiert sich am konkreten Wissensbedarf, der zur Bewältigung der täglichen Arbeitsaufgaben erforderlich ist. Die Vorteile von E - Learning lassen sich sowohl für die Aus- und Weiterbildung als auch für die Befriedigung des persönlichen "Wissensdursts" ideal nutzen. Über das Internet und das Intranet ist Wissen 24 Stunden online verfügbar, Mitarbeiter können selbständig ihren Wissensbedarf befriedigen und Wartezeiten bei Studenten auf den nächsten Seminartermin entfallen. Mit E- Learning können Lehreinheiten jederzeit in den Arbeitsprozess einfließen, ohne ihn zu unterbrechen. Dies reduziert Kosten und verbessert gleichzeitig die Effizienz von Lernen im Unternehmen. Verbunden mit dem Einsatz der neuen Medien und des Internets macht sich eine Aufbruchstimmung in der Personalentwicklung bemerkbar. Mit der Gründung von Online-Akademien, Online Bibliotheken,... wird das betriebliche Lernen unterstützt und gleichzeitig Medienkompetenz bei den Mitarbeitern aufgebaut. Auch der Bildungsbereich wird durch E- Learning bedeutend verändert. Ein weiterer Vorteil ist auch, dass man ohne Gruppenzwang lernen kann.

Nachteile:

Während viele Menschen mittlerweile auf E- Learning schwören, gibt es doch auch einige, die noch vorsichtig sind. Sie haben Angst, isoliert oder hilflos technischen Problemen ausgeliefert zu sein. Ein weiterer negativer Aspekt ist sicherlich auch, dass man immer alleine am Computer sitzt, keine neuen Leute treffen kann und es schwer fällt mit seinen "Cyberspace Mitarbeitern" ein Gruppengefühl zu entwickeln. Es lässt sich auch statistisch belegen, dass sich die Begeisterung der Studenten für E- Learning in Grenzen hält. Bei der Befragung von 1300 Studenten in Berlin, konnten sich gerade einmal 16% vorstellen virtuell zu studieren. In Bibliotheken und Verwaltung befürwortete die Mehrheit zwar den Einsatz neuer Medien, die Studenten bevorzugen aber den persönlichen Kontakt zu Mitstudenten und Professoren. Auch in den USA stoßen die "Internet-Vorreiter" auf Skepsis. Im Frühjahr protestierten Studierende an einer bedeutenden Online-Uni gegen Online-Kurse. Sie fürchteten, die Qualität ihrer Ausbildung verschlechtere sich dadurch.

4.   WebCT

4.1.   Was ist WebCT und wann ist die Verwendung sinnvoll?

Was ist WebCT?

Die Nutzung des Internet für die Lehre breitet sich mehr und mehr aus. WebCT ist ein Angebot, das vielfältige Teile (Tools) enthält, die für die Organisation und Durchführung einer Lehrveranstaltung verwendet werden können.

"WebCT wurde im Department of Computer Science an der Universität of British Columbia entwickelt. Es ist ein Instrument, das die Erstellung von anspruchsvollen WWW-basierten Lernumgebungen vereinfacht. Man kann es für komplette Online-Kurse oder einfach auch zur Veröffentlichung von Materialien, die einen Kurs unterstützen, nutzen." [1]

Wann ist die Verwendung von WebCT sinnvoll?

Wenn nicht nur Texte und Ankündigungen, die einen Kurs begleiten, für die Studierenden veröffentlicht werden (derartiges geht auf einer normalen Homepage einfacher), sondern wenn wirklich eine integrierte Lernumgebung geschaffen werden soll, die mehrere Felder und Ebenen einer Lehrveranstaltung umfasst:

gut strukturierte Texte neben Überprüfungsmöglichkeiten, Diskussionsräumen, Terminorganisation und Absprachen, Schwarzes Brett und Ankündigung, studentische Präsentationen, Bildung von Arbeitsgruppen (Tutorate), um nur einige zu nennen.

Es sollten nicht alle Möglichkeiten sofort voll ausgeschöpft werden, sinnvoll hingegen ist es, sie Schritt für Schritt einzubeziehen.

WebCT bietet sich besonders an bei größeren, regelmäßigen Veranstaltungen (z.B. im Grundstudium) wenn die Nutzerseite kontrollier- und überschaubar gestaltet sein soll, wenn der Kurs ein Teil des Seminars oder der Vorlesung ist.

Der Vorteil besteht darin, dass der Kurs passwortgeschützt ist für die beteiligten Studierenden und den Lehrenden. Er kann erneut genutzt und kontinuierlich weiter entwickelt werden.

---

[1] www.webct.com

4.2.   Lehrende und Studierende als Nutzer von WebCT

Lehrende (Designer)

Normalerweise ist der Lehrende der "Designer" des Kurses. Der Designer bestimmt, wie der Kurs aufgebaut ist, welche Teile von WebCT genutzt werden. Der Lehrende kann Kursinhalte ablegen, Fragen, Übungen oder Tests erstellen, studentische Fortschritte kontrollieren, Arbeitsgruppen definieren, studentische Zugänge regeln usw. Jeder Kurs bietet Zugang für einen Lehrenden als Designer. Der Zugangsname des Designers kann nicht geändert werden, das Passwort des Designers kann nur der Administrator ändern.

Studierende

Jeder Kurs kann aus einer beliebigen Anzahl von Studierenden bestehen. Diese wiederum können den Kursinhalt – im Gegensatz zu den vom Designer erstellten "Student Presentation" -Bereichen – nicht verändern. Falls es der Designer so einrichtet, haben sie jedoch die Möglichkeit, ihr Passwort zu wechseln.

Die Studierenden sind die Hauptnutzer des Programms

Die Kursoberflächen stellen sich, je nach dem ob die sich anmeldende Person Lehrender oder Studierender ist, verschieden dar. Die Designeransicht ist der studentischen Ansicht übergeordnet.

Administrator

Es gibt nur einen Administrator-Zugang. Diese Person meldet sich nicht für jeden einzelnen Kurs, sondern auf der Verwaltungsseite (administration page) von WebCT, an. Der Administrator kann dann Kurse anlegen und löschen sowie die Passwörter der Kursdesigner ändern. Er programmiert nicht, sondern legt einfach einen Kurs an und übergibt dann diesen "leeren" Kurs einem Designer (dem Lehrenden). Der Username des Administrators kann nicht geändert werden (er lautet immer "admin"), sein Passwort kann der Administrator aber ändern. Darüber hinaus ist er der Ansprechpartner für Fehlermeldungen. Er hat Zugang zu dem Rechner, auf dem WebCT installiert ist und muss (eventuell zusammen mit einem Spezialisten vor Ort und den Ansprechpartnern der Firma) den Fehler korrigieren. Zu seinen Aufgaben gehört u.a. auch, die Lizenzen zu verwalten.

4.3.   Welche Möglichkeiten bietet WebCT für Lehrende?

Der Dozent kann im Wesentlichen:

Kursinhalte und Texte ablegen: z.B. Literaturliste, Terminplanung, Texte und Schaubilder zur Veranstaltung, Lektürehinweise und Lektüretexte, Aufgabenstellungen.

Termine per Kalender allen zugänglich machen: z.B. Termine der Veranstaltung, Änderungen; andere interessante Angebote (Vorträge / Veranstaltungen).

Ein "Schwarzes Brett" (Bulletin Board) einrichten für eigene Ankündigungen und Hinweise an die Studierenden, für Fragen der Studierenden zum Kurs und Rückmeldungen.

Einzelfragen kursintern per Email beantworten dies funktioniert wie normales Email, nur kursintern geschützt.

Fragen, Übungen und Tests in verschiedener Form anbieten:

zur eigenen Lernkontrolle der Studierenden oder für vertieftes Üben.

Texte per Stichwortverzeichnis und Wörterbuch durchlässiger machen:

z.B. ein Glossar häufiger Fachtermini erstellen; wichtige Begriffe gesondert definieren (dies ist bei umfangreicheren Texten/Kursen hilfreich).

Lange Kursinhalte nach Begriffen durchsuchen: dies entspricht einem kursinternen Register, anhand dessen Studierende z.B. relevante Textstellen des Kurses schnell wiederfinden.

Diskussionsforen aufbauen: für wichtige Themen den Austausch zwischen den Studierenden ermöglichen.

Studierenden - Seiten für eigene Beiträge zugänglich machen:

(z.B. Fragen zum Kursinhalt oder Rückmeldungen), für kurze Texte, Referate oder andere Ausarbeitungen der Studierenden.

Studentengruppen bilden und präsentieren lassen:

wenn in der Veranstaltung studentische Arbeitsgruppen / Tutorate gebildet werden, können sie kursintern organisiert werden, sich austauschen oder Arbeitsergebnisse präsentieren.

Links zu Stellen (Sites) außerhalb des Kurses einsetzen: solche Verbindungen sind für eigene Recherchen oder die von Studierenden oft sehr hilfreich.

4.4. WebCT im Testvergleich

Neben WebCT gibt es auch noch andere "netzbasierte" Instrumente zur Organisation der Lehre. In einem Artikel hat Sharon Gray vom Brian Cliff College solche "Web-based instructional Tools" verglichen. Sie hat dafür 18 Kriterien herangezogen.

Unter den zehn Produkten schneidet WebCT gut ab.[1]

WebCT befindet sich in ständiger Weiterentwicklung. Es ist von einer finanzstarken Gruppe übernommen worden, so dass dessen kontinuierliche Fortführung gewährleistet ist.

4.5. Welches sind die ersten Schritte?

Hier sind einige Punkte zusammengestellt, die beim Aufbau eines WebCT – Online - Kurses ein Rolle spielen:

Überlegen, was mit dem Kurs erreicht werden soll.

Diese Einführung durchlesen.

1. Kursunterlagen für den Kurs

    a) heraussuchen und zusammenstellen

    b) in HTML-Format bringen

    c) oder – unter bestimmten Bedingungen – im PDF -Format anbieten.

2. Bedarf bei dem Administrator von WebCT an der Hochschule anmelden.

3. Überlegen, welche Tools in dem Kurs verwendet werden sollen.

4. Zugang der Studierenden an das Netz überprüfen (PC-Pool, privater Zugang?).

5. Studentendaten eingeben.

6. Einführungsveranstaltung für die Studierenden geben.

7. Überlegen, welche dieser Aufgaben ein Assistent übernehmen könnte.

---

[1] aus Syllabus, September 1998, S. 1822, 57

5. Einsatz von E-Learning an der Hochschule Anhalt

5.1. WebCT – Nutzung der Abteilung Bernburg

In der Abteilung Bernburg der Hochschule Anhalt werden bereits mehrere WebCT – Kurse angeboten. Besonders stark vertreten ist der Bereich Wirtschaft mit Kursen zu den folgenden Vorlesungen.

IBP, Kommunikationstechnik

BW/WR/IW, Kommunikationstechnik

Befragung

Betriebsinformatik

EDV-Rechnungswesen

Einführung in SPSS

Management Organisation

Modellunternehmen mit SAP

Präsentationstechnik

Der Fachbereich LOEL bietet WebCT – Kurse für Vorlesungen mit den Themen

Ernährungsökonomik

Grundlagen der Wirtschaftslehre des Haushalts

Management sozialer Einrichtungen

Rechnungswesen

Spezielle BWL

Wirtschaftslehre des Privathaushalts

an.

Für den Studiengang MBA werden diese Kurse angeboten:

Dummy for Sid

Informatics/Telematics

Internationales Projektmanagement

International Banking and Finance

International Economics

International Investment Policy

International Trade

Investment

Strategic Management

Im Fachbereich MBWI (Maschinenbau/Wirtschaftsingenieurwesen) wird der Kurs Buchführung und Bilanz angeboten.[1]

Insgesamt werden an der Hochschule Anhalt (Abteilung Bernburg) 25 WebCT - Kurse, ohne Testkurse, angeboten. Stellt man diese Zahl der Anzahl Lehrkräfte gegenüber, so bietet nur ca. jeder dritte Lehrende einen WebCT - Kurs an. Dabei ist unterstellt, dass jeder Kurs von einem anderen Lehrstuhl angeboten wird.

---

[1] http://193.25.32.50:8930/webct/public/show_courses.pl

5.2. Andere Einsatzformen von E-Learning

Zur Darstellung weiterer Einsatzformen von E - Learning an der Hochschule ist folgende Untersuchung durchgeführt worden. In der Erhebung wurde untersucht, wie das Internet überhaupt bis jetzt von den Lehrenden genutzt wird. In die Analyse sind der Fachbereich 1 (Landwirtschaft/Ökotrophologie/Landespflege) und der Fachbereich 2 (Wirtschaft) einbezogen worden. Dabei wurde unterschieden in Lehrkräfte die gar keine Homepage haben, die nur eine Homepage haben und die eine Homepage haben, wobei gleichzeitig Lehrmaterialien in Form von Internetseiten oder Downloads angeboten werden.

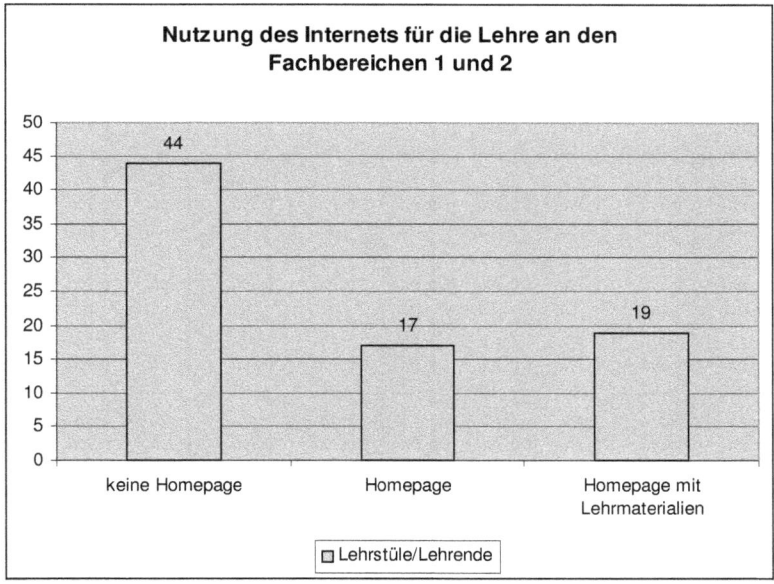

Abb.6: Nutzung des Internets für die Lehre an den Fachbereichen 1 und 2

Wie man der Analyse entnehmen kann, haben 44 Lehrende keine Homepage, was 55 % der Lehrstühle der Fachbereiche 1 und 2 ausmacht. Siebzehn Lehrstühle, also rund 21 %, haben nur eine Homepage. Auf diesen Seiten wird nur die Person vorgestellt. Die Anzahl der Lehrstühle, die eine Homepage mit Lernmaterialien zur Verfügung stellen, beträgt 19, was von der Gesamtzahl der Lehrstühle nur rund 24 % ausmacht.

Man kann an hand dieser Untersuchung feststellen, dass der Anteil der Internetnutzung für die Lehre an den Fachbereichen 1 und 2 mit rund einem viertel sehr gering ist. Es kann jedoch nicht zufriedenstellend sein, dass über die Hälfte der Lehrstühle an der Hochschule Anhalt, Abteilung Bernburg, noch nicht einmal eine Homepage haben.[1]

---

[1] Analyse erstellt mit Hilfe der Fachbereichsseiten der HS Anhalt Abteilung Bernburg

6.   Projektkurs "Rechnungswesen"

6.1.   Inhalte des Kurses

Der Praxisteil dieser Hausarbeit beinhaltet die Erstellung eines WebCT – Kurses für das Lehrgebiet Betriebliches Rechnungswesen des Fachbereiches Wirtschaft.

Das Betriebliche Rechnungswesen setzt sich aus den drei Vorlesungen Betriebliches Rechnungswesen Teil I bis III zusammen.

Diese werden von Prof. Dr. Jörg Schmidt und Prof. Dr. Jürgen Schmidt betreut, wobei Prof. Dr. Jörg Schmidt für den Teil I und III und Prof. Dr. Jürgen Schmidt für den Teil II zuständig ist.

Um einen Überblick über die Inhalte der Vorlesungen zu bekommen, werden nachfolgend die Grobgliederungen dargestellt.

Die Veranstaltung Betriebliches Rechnungswesen Teil I ist in die zwei Schwerpunkte "Teil 1: Besondere Buchungsfälle" und "Teil 2: Bilanzanalyse und Bilanzpolitik" gegliedert.

Der Teil 1 unterteilt sich weiter in:
- Die Verbuchung des Wechselverkehrs
- Die Verbuchung von Rücklagen und Rückstellungen
- Steuerbuchungen
- Die Verbuchung von Leasinggeschäften.

Der Teil 2 der Vorlesung behandelt die Themen:
- Methoden und Instrumentarien der externen Bilanzanalyse
- Die Ziele, Adressaten und Grenzen der Bilanzanalyse
- Die Phasen der Bilanzanalyse - Analyseninstrumente
- Bilanzanalyse mit Kennzahlen.[1]

---

[1] Studienleitfaden für das Lehrgebiet "Betriebliches Rechnungswesen Teil I", Prof. Dr. Jörg Schmidt, 2000

Die Vorlesung des Teils II, Kosten- und Leistungsrechnung, gliedert sich in 3 Schwerpunkte:

1. Einführung in die Kosten- und Leistungsrechnung
2. Traditionelle Verfahren der Kosten- und Leistungsrechnung
3. Deckungsbeitragsrechnung.[1]

Der Teil III, Plankostenrechnung und Break-Even-Analyse, des Lehrgebietes Betriebliches Rechnungswesen gliedert sich in:

1. Entwicklungsformen und Verfahren der Plankostenrechnung
2. Anwendungsmöglichkeiten der Plankostenrechnung im Unternehmen
3. Einführung in die Break-Even-Analyse[2]

Die Veranstaltungen des Lehrgebietes umfassen jeweils 60 Semesterwochenstunden, d.h. 180 Stunden insgesamt. Es werden Vorlesungen und Übungen angeboten. Des weiteren schließt jedes Teilgebiet mit einer 2,5 – stündigen Klausur ab.

Damit sich Studenten aus dem 2. bis 4. Semester, einen Überblick über das gesamte Lehrgebiet verschaffen können, sind diese 3 Teile in einem WebCT Kurs zusammengefasst worden.
Zu den Inhalten zählen weiterhin Wissensspeicher, Anwendungsbeispiele und Übungsaufgaben.

Die Realisierung dieses Kurses im WebCT erfolgt mit den folgenden Tools:
- course content (Gliederung)
- index (Stichwortverzeichnis)
- glossary (Wörterbuch)
- quiz (Test)
- calendar (Kalender)
- bulletin board (Diskussionsforum)
- link (Links).

---

[1] Studienleitfaden für das Lehrgebiet "Betriebliches Rechnungswesen Teil II", Prof. Dr. Jürgen Schmidt, 2001
[2] Studienleitfaden für das Lehrgebiet "Betriebliches Rechnungswesen Teil III", Prof. Dr. Jörg Schmidt, 2000

6.2. Vor- und Nachteile des Kurses

Vorteile

Durch die Bereitstellung des WebCT Kurses im Internet wird es den Studenten ermöglicht sich von zu Hause jederzeit über den Ablauf des Kurses in der Gliederung zu informieren, Vorlesungsmaterial einzusehen und auszudrucken, ihren Wissensstand im Bereich Test zu überprüfen, mit dem Professor oder anderen Studierenden im Diskussionsforum auszutauschen oder sich zusätzliche Informationen über die angebotenen Links zu verschaffen. Dieser Kurs ist allerdings nicht dafür gedacht die Teilnahme an der Vorlesung und den Übungen oder gar die gesamte Veranstaltung zu ersetzen. Vielmehr soll er diese unterstützen.

Für den Professor ergibt sich daraus eine Zeit- und Aufwandsersparnis, da er die Vorlesungsmaterialien nur einmal online bereitstellen muss. Des weiteren kann er wichtige Termine und Ankündigungen für alle Studenten kurzfristig zur Verfügung stellen.

Nachteile

Da nicht jeder Studierende einen Computer mit Internetzugang zu Hause hat, müssen diese auf die Computer in den PC-Pools der Hochschule zurückgreifen. Allerdings sind die Pools oft durch Lehrveranstaltungen belegt oder das Hochschulnetz funktioniert nicht immer.

Ein weiteres Problem ist das kürzlich eingeführte Drucklimit, welches sehr schnell erreicht ist wenn für mehrere Veranstaltungen die Materialien ausgedruckt werden müssen.

Für den Professor entsteht ein Arbeits- und Zeitaufwand für die erstmalige Erstellung des Kurses, danach richtet sich dieser Aufwand nach der Intensität der Pflege des Kurses.

Anhang:

A.1. Der Aufbau von WebCT

A.1.1. Grundgerüst: Homepage, Course-Tools und Icons

Womit werden die Möglichkeiten von WebCT realisiert?

Das Grundgerüst für die Arbeit mit WebCT sind die Homepage, Icons und die Course Tools.

Entsprechend einer WWW-Oberfläche gibt es eine *Homepage (Hauptseite)* zu jedem Kurs.

Auf diese Homepage werden die *Icons*, die für ein bestimmtes Feature stehen, platziert. Es handelt sich um kleine, kennzeichnende Signale und Abbildungen.

Klickt man auf diese Icons öffnet sich eine weitere Seite, auf der die gewünschten Informationen zu dieser Nutzungsform stehen (z.B. beim Anklicken des Icons "Course Content" erscheint der vorher eingebaute Kursinhalt oder Kurstext).

Das heißt die verschiedenen Möglichkeiten des Einsatzes von WebCT in der Lehre werden mit sogenannten *"Course Tools"* realisiert:

Ein *"Course Tool"* ist ein von WebCT angebotenes Feature, das in jeden Kurs eingebaut werden kann. Tools können über ein anklickbares Icon auf der Hauptseite, Toolseiten oder als Querverweis in Kursinhalten zugänglich gemacht werden. Jedes Feature wird durch ein Tool realisiert.

Das Platzieren der Icons auf der Homepage ist der erste Schritt.

Danach muss z.B. bei "Course Content" und bei den verschiedenen Testtypen noch der gestellte Rahmen mit Inhalt gefüllt werden. D.h. für den Kursinhalt werden die Texte in HTML-Form vom Designer in den Kurs geladen und stehen danach zur Verfügung. Bei den Tests müssen entsprechende Aufgabenstellungen überlegt und eingebaut werden. Andere Tools wie zum Beispiel das "Bulletin Board" oder "Email" stehen gleich zur Benutzung bereit und bedürfen nur in besonderen Fällen einer Anpassung.

A.1.2 Einstieg: Platzierung von Icons auf der Homepage

Wie hole ich ein Icon und damit ein "Course Tool" auf die Homepage?

Auf der Homepage in der Ansicht für den Lehrenden (Designersicht) sind am linken und am unteren Rand eine Reihe von Auswahlmöglichkeiten aufgeführt, die alle wesentlichen Organisationsaufgaben abdecken.

Einbindung eines Tools auf die Homepage:

1. Auf der Navigationsleiste "Add Page or Tool" anklicken. Die Seite " Add Page or Tool" wird geöffnet.

2. Jetzt wird das Tool auf dem Bildschirm ausgewählt, welches hinzugefügt werden soll. Das neue Tool wird durch "Add" hinzugefügt. Eine "Add ??? – Seite" wird jetzt aufgerufen, je nach dem welches Tool man ausgewählt hat.

3. Unter "Enter a title for the page" wird der Titel des Tools, wie er auf der Homepage erscheinen soll, eingetragen.

4. Unter "Decide where to show this item in your course" muss man auswählen, wo der Link zu dem neuen Tool angezeigt werden soll:

a) "on the Navigation Bar" – das Tool wird auf der Navigationsleiste als Textlink angezeigt

b) "on an Organizer Page" – zeigt das Tool auf der ausgewählten Organizer-Seite an.

Die existierenden Organizer-Seiten kann man aus der Drop-down-Liste erhalten.

5. Wenn das Erscheinen auf einer Organizer-Seite ausgewählt wurde, kann man noch das Erscheinungsbild des Links bestimmen:

a) "Link shows title" ausgewählt – Link wird nur als Text angezeigt

b) "Link shows icon" ausgewählt – Link wird nur als Icon angezeigt

c)" Link shows title" und "Link shows icon" ausgewählt– Link wird als Icon mit Titel angezeigt

6. Wenn der Link zum neuen Tool als Icon angezeigt wird, muss man noch die Form des Icons bestimmen. Dazu stehen folgende Optionen zur Verfügung:

a) "Default icon" – der Standardicon von WebCT wird benutzt

b) "Choose" – ein Icon kann mittels Dateibrowser ausgewählt werden.

7. Jetzt muss nur noch "Add" geklickt werden, um das neue Tool hinzuzufügen.

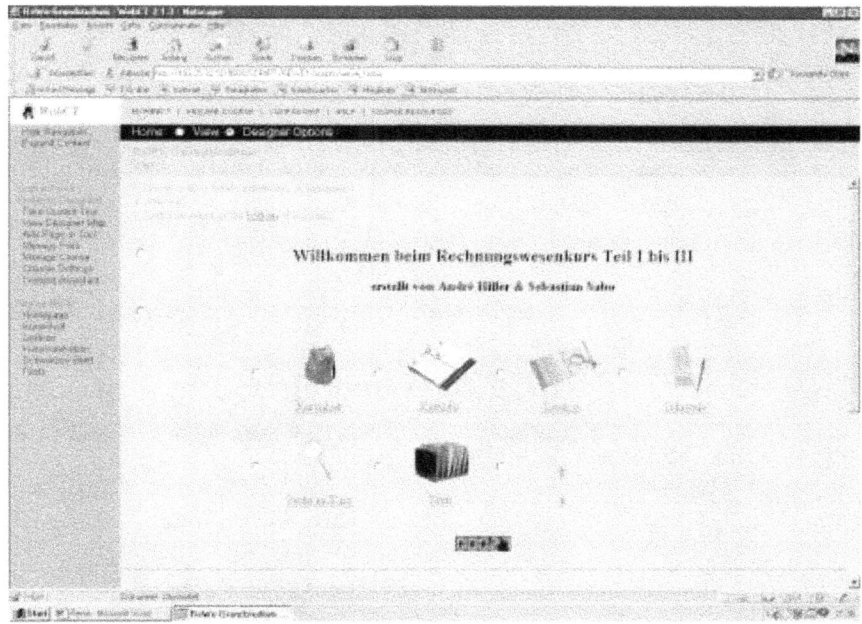

Abb.7 : WebCT – Designer - Ansicht

A.1.3. Wie sieht der WebCT -Kurs für die Studierenden aus?

Ansicht: Wie sieht der WebCT -Kurs für die Studierenden aus?

Hier sehen wir die Homepage des Rechnungswesenkurses aus der Sicht der Studierenden. Sie unterscheidet sich nicht von der für den Lehrenden, nur dass die Leisten mit den Bearbeitungsmöglichkeiten fehlen.

Jedes Icon steht für ein "Tool", ein Programm.

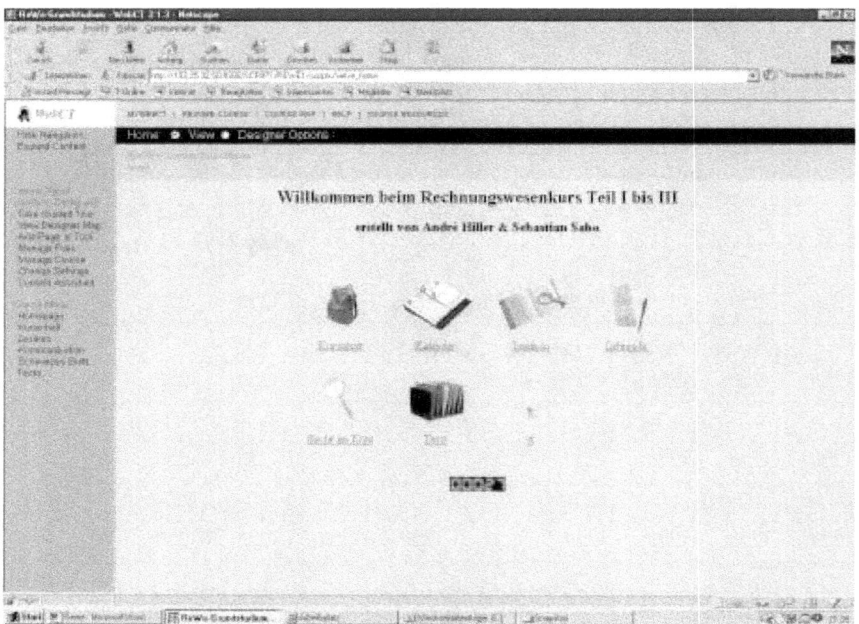

Abb.8 : WebCT – Studenten – Ansicht

Jeder Designer bestimmt, welche Tools auf die Homepage gelangen. Alle Tools, die in diesem Beispiel aufgenommen sind, werden weiter unten erklärt, da sie speziell sind. Die WebCT -interne Hilfe macht es dem Benutzer jedoch leicht, sich auch in weniger wichtige oder in andere Tools einzuarbeiten.

29

A.1.4. Hilfen für die Anwendung

Hilfen für die Studierenden und den Designer

Eine wichtige Frage: Welche Hilfen bietet mir WebCT an?

Die Hilfe ist in englischer Sprache gehalten und erscheint auf jeder Seite und bei jedem Tool oben auf der Seite in einer Auswahlliste. Wenn man sich in groben Zügen darüber im Klaren ist, wozu man das gewählte Tool verwendet, sind diese Angaben recht nützlich. Vor allem erklären sie kurz die Wirkungsweise der weiter unten auf der Seite aufgeführten Möglichkeiten.

A.2. Die Anwendung von WebCT

A.2.1. Was können die Tools vom WebCT im einzelnen?

Die Verwendungsmöglichkeiten der WebCT Tools sind vielfältig. Sie umfassen nahezu alle Möglichkeiten der Organisation, der Information, der Diskussion, der Kommunikation und der Prüfungen, wie sie in einem Kurs oder einer Lehrveranstaltung auftreten.

Nachfolgend werden diese verschiedenen Möglichkeiten vorgestellt, wobei jeweils das zugehörige Icon mit der englischen Bezeichnung angeführt wird. Es wird erläutert, was diese Tools leisten, wie sie verwendet werden können und wie sie zur Benutzung für die Lehrenden und Studierenden eingerichtet werden.

A.2.2. Kursinhalte und Texte ablegen

mit "Course Content"

Hierbei handelt es sich wohl um das wichtigste Tool von WebCT. Alle Inhalte (Skripts, Handbücher, Informationsbroschüren, Übungsfragen) werden hier abgelegt.

Dieses Tool bietet nämlich schon von vornherein Möglichkeiten, den dann eingebundenen Text zu strukturieren. So kann ohne großen Aufwand ein Inhaltsverzeichnis aufgebaut, nach Worten im Text gesucht ("Search"), von hier aus ein Index ("Index") oder ein Wörterbuch ("Glossary") erstellt und Testmöglichkeiten angeboten werden.

Nach dem hinzufügen des "Course Content", erscheint die Oberfläche, in der neue Inhalte abgelegt oder alte ersetzt oder sortiert werden können. Die Inhalte sind als HTML-Dateien gespeichert.

Die Auswahl "Add File" im rechten Auswahlmenü aktiviert ein Fenster. Schon vorhandene oder schon eingebundene Dateien sind hier aufgelistet. Möchte man eine noch nicht aufgeführte Datei einbinden, sucht man sich mit dem Knopf "Browse" aus dem Verzeichnis des eigenen Rechners die gewünschte Datei heraus und fügt sie damit in obige Liste ein.

Danach wählt man diese Datei noch einmal aus dieser Liste aus und aktiviert den Knopf "Pick". Außerdem ist festzulegen, an welche Position der schon vorhandenen Kursinhalte dieser neue Punkt/diese neue Datei eingefügt werden soll.

Kennzeichnet man an der Liste "Replace the file selected in the table of Contents" durch ein Häkchen, so ersetzt die neue Datei die ausgewählte Alte.

Die rechts aufgeführte Auswahl "Reorganize" verändert die Reihenfolge der linken Titelliste.

Der Link "customize the table of Contents" eröffnet Möglichkeiten, wie die Darstellung der Titelliste für die Studierenden erfolgen soll. Es können die Seitenfarbe, das Hintergrundbild, ein Banner, ein oberer und ein unterer Textblock ausgewählt werden, sowie ein Zugriffs-zähler bearbeitet werden.

Es können außerdem eine Überschrift "Add heading" , ein Quiz hinzugefügt werden und auch eine HTML-Datei erzeugt und eingefügt werden.

Die jeweils getroffene Auswahl muss mit dem Button "Go" bestätigt werden. Dies öffnet dann ein neues Fenster, in dem die gewünschte Aktion ausgeführt "Add" oder abgebrochen "Cancel" werden kann.

Um eine bereits erstellte Zeile zu ändern muss im "Edit" Menü die Auswahl "Edit titles" getroffen werden. Dort können nun die gewünschten Änderungen vorgenommen werden.

Wichtig! Alle Änderungen, die am "Course Content" vorgenommen wurden, müssen mit dem Link "Update Student View" für die Studierenden sichtbar gemacht werden!

A.2.3. Stichwortverzeichnis und Suche

Stichwortverzeichnis anlegen mit "Index"

Der Index hilft dabei, auch bei längeren Texten den Überblick zu behalten. Alle Stichworte, von denen anzunehmen ist, dass nach ihnen gesucht werden wird, sollten hier aufgenommen sein.

Indexeinträge hinzufügen

Um einen Indexeintrag hinzuzufügen, wählt man das Icon aus, und klickt auf Designer Options. Der Designer-Bildschirm des Index erscheint.

Nun werden die Einträge mit der dazugehörenden Seite nacheinander eingegeben und jeweils mit Add dem Index hinzugefügt.

Indexeinträge editieren

Um bereits getätigte Eingaben zu ändern, wählt man die gewünschte Option aus den rechts aufgeführten Möglichkeiten aus und bestätigt diese mit "Go".

Kursinhalte nach Begriffen durchsuchen lassen

mit "Search"

Vielleicht möchte man sich jedoch die Arbeit zunächst ersparen, die es kostet einen Index oder ein Wörterbuch zu erstellen und doch die Inhaltsseiten des Kurses nach Begriffen absuchen lassen.

Eine solche Möglichkeit stellt das "Search"-Tool dar. Es wird wie die anderen Icons auf die Homepage geholt. Ein Klick darauf führt in zwei Felder. Im linken sucht man sich heraus, wo (im Index, im Titel, in der Überschrift oder im ganzen Text) und im rechten natürlich wonach gesucht werden soll.

Der Knopf "Search" veranlasst dann die Suche und zeigt im unteren Fenster auf welchen Inhaltsseiten der gesuchte Begriff zu finden ist. Dabei gelten als "Inhaltsseiten" die Dateien, die in "Course Content" auf der Titelliste aufgeführt sind. Daher ist lediglich eine ungefähre Ortung möglich.

Wörterbuch anlegen

mit "Glossary"

Bei diesem Tool handelt es sich im Grunde um eine ähnliche Möglichkeit, Worte zu verwalten, wie bei dem Index. Der Unterschied besteht jedoch im Wesentlichen in folgenden Punkten:

• Getreu einem Wörterbuch ist für die Erklärung des Wortes mehr Platz vorgesehen (mehrere Zeilen).

• Dieses Wort kann nun direkt mit einer Seite verbunden (gelinkt) werden. D. h. damit ist die genaue Position des Wortes auf der Seite sichtbar, da es als Hyperlink gekennzeichnet ist. Kommt dieses Wort mehrmals auf einer Seite vor, kann jedoch nur eine Position einen Link erhalten.

Glossaryeinträge hinzufügen

Um einen Glossaryeintrag hinzuzufügen, wird das Glossary ausgewählt und Designer Options angeklickt. Der Designer-Bildschirm des Glossary erscheint.

Unter "Add New Keyword to Glossary" wird "Add a keyword" ausgewählt und mit Go bestätigt. Der Bildschirm Add a keyword erscheint.

In die Textbox Keyword wird das Schlüsselwort für den Glossareintrag eingetragen und in die Textbox Definition die Beschreibung des Glossareintrages. Danach auf Add klicken. Der Bildschirm Glossary erscheint mit einer aktualisierten Liste der Glossar-Schlüsselwörter (Glossary keywords).

Glossaryeinträge editieren

Bereits eingegebene Schlüsselwörter und Beschreibungen verändern.

Unter "Glossary keywords" wird das Schlüsselwort ausgewählt, das editiert werden soll. Unter "Other Options" Edit aus wählen, und auf Go klicken. Der Bildschirm Edit a keyword erscheint.

In die Textboxen Keyword und Definition die gewünschten Änderungen eingeben und auf Update klicken. Der Bildschirm Glossary erscheint mit einer aktualisierten Liste der Glossar-Schlüsselwörter (Glossary keywords).

Glossaryeinträge löschen

Glossareinträge können einzeln oder komplett gelöscht werden.

Unter Glossary keywords das Schlüsselwort aus wählen, das gelöscht werden soll.

Dann Other Options Delete auswählen, und auf Go klicken. Die erscheinende Warnung mit OK bestätigen. Der Bildschirm Glossary erscheint mit einer aktualisierten Liste der Glossary keywords. Achtung: Wenn alle Glossar-Schlüsselwörter gelöscht werden sollen, muss Delete all anstelle von Delete gewählt werden.

A.2.4. Studierende ihren Wissensstand überprüfen lassen

mit "Selftest" können Studierende anhand vorgegebener Fragen ihren eigenen Wissensstand überprüfen.

Nach der Multiple-Choice-Methode gibt man hier eine Reihe von Fragen ein und überlegt sich dazu möglichst mehrere passende Antworten. Da die Antworten dem sich selbst Testenden ja sofort zur Verfügung gestellt werden, ist es auch besonders sinnvoll, wenn nicht gar für den Lernerfolg (soll es nicht ein reines Auswendiglernen sein) sogar notwendig, auch Begründungen dafür anzugeben, warum eine Antwort richtig und eine andere falsch ist. Auch das ist hier möglich.

Die rechts auf den Designer Option erscheinende Auswahlleiste ist recht selbsterklärend. Zunächst fängt man mit einer Frage an ("Add Question") und schreibt danach mindestens zwei Antworten ("Add Answer") möglichst mit Erläuterungen ("Edit Reason") hinzu. Dann sollte eine Antwort als die richtige markiert werden.

Dies geschieht durch einen Klick auf den runden Button rechts der Frage. Eine Frage und die dazu passenden Antworten und Erläuterungen bilden eine organisatorische Einheit.

Um eine Frage oder Antwort zu ändern, muss diese ausgewählt werden, der Edit Button markiert und anschließend "Go" gedrückt werden. Nun kann die Änderung vorgenommen werden. Zum Löschen eines oder aller Texte wird dementsprechend mit den Knöpfen "Delete" oder "Delete all" verfahren.

Schließlich wird mit dem Knopf "Set" die Eingabe aktualisiert und den Studierenden zur Verfügung gestellt.

Mit "Import from File" können auch vorher gefertigte Fragen von außen geladen werden. Nur muss die dafür verwendete Datei einer ganz spezifischen Formatierung gehorchen (siehe WebCT-Help). Diese ist recht aufwendig. Daher scheint es für einfachere Fragen sinnvoller zu sein, sie gleich in den oben geschriebenen WebCT-Editor zu schreiben.

A.2.5. Tests und Umfragen durchführen

mit "Quiz"

Hinter diesem Icon verbergen sich zwei vom Ansatz her ganz unterschiedliche Abfragemöglichkeiten. Zum einen bietet es sich an, hier Wissensabfragen in Form von Tests zu erstellen, die ganz oder teilweise automatisch bewertet werden ("Quiz"). Zum anderen sind an dieser Stelle Umfragen, z.B. zur Beliebtheit der elektronischen Medien in der Lehre oder zu der Frage, wie der eigene WebCT- Kurs aufgenommen wurde, zu ermitteln ("Survey"). Die notwendigen Gewichtungskriterien der Fragen und danach die automatische Auswertung der Umfrage bietet das Tool an.

Daher führt der Klick auf das Icon "Quiz" auf eine Seite, die es erlaubt, sowohl Tests wie Umfragen aufzubauen. Die entsprechenden Knöpfe hierfür lauten in der Leiste entsprechend "Add Quiz" und "Add Survey". Der Knopf "Add Label" daneben dient nur dazu, einer Reihe von Tests und Umfragen Überschriften zu geben. Die sechs Knöpfe ("Up 5", "Down 5", "Up", "Down", "Indent", "Unindent") strukturieren und sortieren die verschiedenen Tests und Umfragen.

Die Betätigung des Knopfes "Add Quiz" und "Add Survey" gibt allerdings nur den Rahmen für die Abfrage: man trägt den Namen des Testes/der Umfrage ein. Die entsprechenden Fragen sind damit aber noch nicht vorhanden. Das ist nun der nächste Schritt.

Ein Klick auf einen so angelegten Test eröffnet nun die Möglichkeit, Fragen einzugeben. Als nächstes muss entschieden werden, ob nur einzelne Fragen gewünscht sind ("Add Question(s)") oder ein Satz von Fragen vorgezogen werden soll ("Add Question Set"), aus dem WebCT nach dem Zufallsprinzip bei dem späten von den Studierenden durchgeführten Test eine auswählt. So erhalten z.B. verschiedene Studierende bei dem Test unterschiedliche Fragen, und dies ist möglicherweise einer größeren Effektivität zuträglich. Der Knopf "Add Alternatives" dient dazu, aus einer Frage einen Satz von Fragen zu machen, oder letzterem noch eine weitere hinzuzufügen.

Nun aber tatsächlich zur Frageneingabe:

Bei "Quiz" und bei "Survey":

Ein Klick auf den Knopf "Add Question(s)" führt zur "Fragen-Datenbank". Hier kann man sich verschiedene Kategorien überlegen, in die die einzutragenden Fragen sortiert werden (der Knopf unten "New Category"). Oder man sieht davon ab und wählt aus der Liste "All Categories". Daraufhin werden alle schon vorhandenen Fragen der Datenbank aufgelistet.

Eine neue Frage erstellt man nun mit dem Knopf "New Question". Hier wird nun die Entscheidung verlangt, was für eine Art von Frage gestellt werden soll:

Multiple Choice

Eine Frage mit verschiedenen Antwortmöglichkeiten. Sie können kommentiert und in ihrer Richtigkeit bewertet werden.

Außerdem ist festzulegen, ob nur eine oder mehrere Antworten richtig sind.

Und: Sollen die Ergebnisse kumulativ gewertet oder nach dem Alles-oder-Nichts-Prinzip vorgegangen werden?

Matching

Hier geht es darum, aus zwei Kolonnen passende Antwortpaare zu finden (beim Fremdsprachenunterricht sehr beliebt).

Auch hier können die Bewertungskriterien festgelegt

und ein Kommentar eingetragen werden, der zu dieser Frage später bei der automatischen Auswertung sichtbar wird.

Calculated

Dies ist ein recht komplexes Tool, das für eine mathematische Formeln gedacht ist.

Für die Variablen berechnet das Programm innerhalb vorgegebener Grenzen einen Satz von Werten, welche dann in die Frage angebaut werden. Damit stellt sich die Frage für jeden Studierenden anders dar - oder zumindest finden nur zwei oder drei Teilnehmer des Kurses jeweils die Frage mit den gleichen Werten vor.

Eine gute und genaue Beschreibung dieses Fragetyps steht in der Hilfe oben auf der Seite.

Short Answer

Hier wird auf die Frage kurze und genaue Antwort erwartet. Zum Beispiel eignet sich dieser Typ, um einen Begriff abzufragen.

Welche Antworten erlaubt sind und für wie richtig gehalten werden, legt man in den Antwortkästchen (Answer 1,2,3...) und in dem "Value (%)"-Bereich fest.

Paragraph

Die vorherigen Fragetypen eignen sich für eine automatische Korrektur. Das trifft für diesen nun nicht zu.

Hier muss der Dozent im Nachhinein die Antwort korrigieren und erst dann kommt der korrigierte Test an den Studierenden zurück.

Es gibt daher hier nur ein Feld für die Frage, eines für die Antwort und eines, in die Hilfen zur Beantwortung der Frage eingetragen werden können.

Damit sind die Fragen in die Datenbank aufgenommen. Als nächsten Schritt müssen sie nun in den Test oder in die Umfrage eingebunden werden.

Wie ein Test oder eine Umfrage erstellt wird, ist schon weiter oben besprochen. Man klickt nun auf den Test oder die Umfrage (sie besitzen einen Hyperlink) und gelangt in den Editierbereich. Hier gibt es wieder den Knopf "Add Question", und so befindet man sich in der Fragendatenbank. Hier werden die für diesen Test oder diese Umfrage gedachten Fragen herausgesucht, indem in das Kästchen links der Frage ein Häkchen eingetragen und mit dem Knopf "Pick" unten auf der Seite bestätigt wird.

Auf der Editierseite des Testes (aber nicht der Umfrage) muss nun noch festgelegt werden, wie viele Punkte jede Frage ausmacht. Dies wird in die Rubrik "Points" der Fragenauflistung eingetragen.

Die Grundlage für den Test (oder die Umfrage) ist mit den gegebenen Fragen nun gelegt. Mit dem Knöpfen rechts ("Up", "Down", "Top", "Bottom") kann man sie danach noch sortieren.

Schließlich muss der Test (die Umfrage) noch den Studierenden zur Verfügung gestellt werden. Dies geschieht unten auf der Seite mit dem Knopf "Settings". "Allow Access Now" öffnet den Test (die Umfrage) sofort. Sonst kann man das gewünschte Datum eintragen. "Deny Access Now" beendet die Zeit, in der die Studierenden den Test (die Umfrage) ausfüllen dürfen.

Nur für Tests hingegen muss darüber hinaus festgelegt werden:

wie lange der Test dauern darf ("Duration"),

wie viele Versuche möglich sind ("Attempts"),

ob ein Passwort einzugeben ist ("Password"),

welches Ergebnis gezählt werden soll ("Scoring": "First", "Latest", "Highest", "Average"), was wird dem Studierenden übermittelt? Nur die Note ("Score Only"), die studentischen Antworten dazu ("Responses and Score") oder die richtigen Antworten auch noch ("Answers and Score"),

wann sollen die Ergebnisse bekannt gegeben werden? Sofort ("Release Score") oder erst später ("Do not release score"),

gibt es eine Nachricht, die man den Studierenden zukommen lassen will, nach dem der Test (die Umfrage) abgeschickt wurde? Wenn ja, ist diese in "Submission Message" einzutragen.

Soweit zu den wichtigsten Funktionen, die für die Erstellung eines Testes (und einer Umfrage) notwendig sind.

Nun ist noch ein Blick darauf zu werfen, wie die Ergebnisse getrachtet werden. Dies geschieht für Tests und Umfragen indem auf der Seite, auf der sie aufgelistet sind, rechts der Link mit dem Zusatz "Info" angeklickt wird ("Quiz Info", "Survey Info").

Der Test ("Quiz") stellt sich danach folgendermaßen dar: Hier ist der Knopf "Submissions" der interessante (die restlichen ("Results", "Reports") dienen der Statistik und einer weiteren Übersicht und werden hier nicht besprochen).

"Submissions" zeigt alle "abgegebenen" Tests. Jeder kann einzeln eingesehene werden – auch die verschiedenen Versuche, wenn diese erlaubt waren – und mit Kommentaren zu jeder Frage bzw. zu der studentischen Antwort versehen werden. Außerdem kann der Dozent die automatisch vergebene Punktzahl pro Frage noch manuell verändern.

Wurden für den Test insgesamt im Nachhinein die Punktzahl für eine oder mehrere Fragen korrigiert, so können daraufhin mit dem Knopf "Regrade" auf der "Submissions"-Seite alle bisher abgegebenen Tests der vorher markierten Studierenden noch einmal neu bewertet werden.

Der Knopf "Reset" löscht hingegen alle Testantworten und erlaubt den vorher markierten Studierenden noch einmal von vorne anzufangen.

Die Umfrage ("Survey") stellt sich ihrer Natur nach in den Ergebnissen anders dar. Hier sind nicht erreichte Punktzahlen wichtig, sondern die Häufigkeit, mit der ein Wert von allen Beteiligten gewählt wurde.

Auch hier gibt es den "Submissions"-Knopf, mit dem man überprüfen kann, wer schon die Umfrage beendet hat.

Die Ergebnisse hingegen zeigt der Knopf "Results". Die dann folgende Auflistung orientiert sich an den gestellten Fragen. Ein Klick auf den Hyperlink "Summary" gibt einen Überblick, wie häufig jede Frage auf welche Weise beantwortet wurde.

Damit stellt diese Seite (hoffentlich) die Information zur Verfügung, die den Fragenden interessierte, nämlich zum Beispiel: wie beliebt ist WebCT?!!

A.2.6. Schwarzes Brett und Diskussionsforum

mit "White Board"

Ankündigungen und Meldungen, die wie an einem "Schwarzen Brett" an alle gerichtet sein sollen, trägt man hier ein.

Der Designer kann hier festlegen ob Änderungen durch Studenten gespeichert werden sollen oder nicht.

Um Eintragungen vorzunehmen muss in den View gewechselt werden und dort das Bearbeitungstool des Whitebord genutzt werden um die gewünschten Einträge vorzunehmen.

Reset

Alle Meldungen in allen Foren nach einer Warnung (unwiederbringlich) löschen.

Allerdings funktioniert dieses Tool an der HS - Anhalt nur im Netscape Navigator!

A.2.7. Terminplanung und Ankündigungen

mit "Calendar"

Das Kalender-Tool ist einfach zu bedienen. Nach einem Doppelklick auf ein Icon öffnet sich der Blick auf den gegenwärtigen Monat. Neue Einträge nimmt man mit einem Klick auf den Tag (Hyperlink) vor. In dem neuen Fenster zeigen sich alle schon vorgenommenen Einträge für den Tag, denn bei mehreren Terminen finden auf der Monatsübersicht nicht mehr alle Platz.

Einen neuen Eintrag nimmt man nun mit dem Knopf "Add Entry" vor.

In die nun folgenden Felder sind diese Angaben möglich und/oder nötig:

Date: Der zuvor gewählte Kalendertag ist hier schon eingetragen, lässt sich aber noch abändern. Außerdem können so schneller Termine an verschiedenen Tagen vorgenommen werden.

Summary (req): Worum geht es? Kurzangabe des Ereignisses ist erwünscht.

URL (opt): Besitzt das Ereignis eine passende URL? Wenn ja, ist sie hier einzutragen, und der Text in Pos. 2 wird im Kalender mit einem Hyperlink dargestellt.

Detail (opt): Längere Erklärungen finden hier ihren Platz.

Start Time (opt): Wann geht es los? Falls ein Eintrag hier erfolgt, bitte Stunde **und** Minute auswählen.

End Time (opt): Wann ist Schluss? Auch hier bitte Stunde **und** Minute eintragen.

Access Level: Privat oder öffentlich? An wen ist die Nachricht gerichtet? Nur an mich, dann erscheint im Kalender der Eintrag kursiv und ist nur von mir zu lesen. Soll die Nachricht an alle gehen, dann muss ich "public" anklicken, und sie wird im Kalender in normaler Schrift geschrieben.

Danach auf "Add" klicken und der neue Eintrag wird gespeichert.

Dem Designer stehen in den Designer Options noch die Möglichkeiten offen den Studenten private oder öffentliche Einträge zu erlauben, einige oder alle Einträge im Kalender zu löschen und Einträge aus Dateien zu importieren.

A.2.8. Kursinterne Email benutzen

mit "Email"

Dieses Tool funktioniert ganz ähnlich wie das Bulletin Board. Alle Emails, die hier geschrieben werden, gehen nur an die vorher einzeln auszuwählenden Personen.

Aber wie bei jedem Email-Programm gibt es ein Verzeichnis für eingehende und für abgeschickte Emails für jeden Nutzer. Diese finden sich unter der Rubrik "Folder". Außerdem findet sich hier das Verzeichnis "Draft", welches noch nicht fertig geschriebene oder noch nicht abgeschickte Emails aufnimmt.

A.2.9. Eigene Präsentationen der Studierenden

mit "Student Homepages"

Um dieses Tool benutzten zu können, muss (wie bei jedem hier besprochenen Tool) nur das entsprechende Icon auf die Homepage gebracht werden.

Dann erscheint nach dem Doppelklick auf das Icon eine Liste von allen eingetragenen Mitgliedern des Kurses. Jeder kann selbst ohne HTML-Kenntnisse Text und Bilder in seine Homepage einbauen. Es lassen sich aber auch schon gegebene HTML-Dateien einfügen.

A.2.10. Arbeitsgruppen von Studierenden bilden

mit "Student Presentations"

Dieses Tool erlaubt es zunächst einmal, Gruppen zu erstellen. Entsprechend erscheint auf der linken Leiste auch ein Knopf "Group Generator". Das Programm erstellt nach dem Zufallsprinzip die eingetragenen Mitglieder des Kurses in Gruppen zusammen. Die Anzahl der Gruppen muss vorher festgelegt werden.

Den Knopf "Add" wählt man, wenn eine Gruppe per Hand gebildet werden soll. Dabei können als Hilfe entweder alle Studierenden zur Auswahl aufgelistet werden (all students), oder nur die, die noch keiner Gruppe angehören (unassigned students).

So lassen sich schnell neue Gruppierungen zusammenstellen. "Add" schließt diesen Vorgang ab und fixiert die Änderungen.

Mit "Edit" überblickt man die vorhandenen Gruppen, kann Änderungen bei ihnen vornehmen und allen Mitgliedern eine Email zukommen lassen.

Verwendet man nun dieses Tool von der Studentenperspektive aus, so gilt die Email-Funktion hier genauso. Als Mitglied einer Gruppe ist man aber darüber hinaus noch berechtigt, eine HTML-Datei in das Netz zu legen (die den Namen index.html besitzen muss). Diese kann lediglich von den Mitgliedern der Gruppe geändert werden, alle anderen Kursteilnehmer dürfen sie nur betrachten. Da das Einbinden der Dateien sehr einfach von statten geht, eignet sich dieses Programm z.B. dazu Arbeitsergebnisse einer Gruppe anderen Mitgliedern des Kurses zur Verfügung zu stellen.

Die Einbindung der Dateien funktioniert folgendermaßen:

Der eingebaute Link in der Gruppenauflistung mit Namen "Edit Files" öffnet ein neues Fenster, in dem mit dem Knopf "Upload Files" die gewünschten Dateien geladen werden können. Die erste Datei, d.h. die von der alle anderen ausgehen, muss unbedingt "index.html" heißen. Der Titel dieser Datei erscheint dann als Titel in der Rubrik "Project" in der Gruppenauflistung.

Die Gruppennamen sind von der Studentenperspektive auch mit einem Hyperlink versehen. Ein Klick hierauf macht die Mitglieder jeder Gruppe sichtbar.

A.2.11. Verbindungen zu anderen Homepages (Links)

mit URL zu einem Link

Vielleicht ist es auch wünschenswert, zum Thema des Kurses passende Links von interessanten Homepages einzubauen. Dafür kann man sich in dem Programm nach Belieben auch ein geeignetes Bildchen aussuchen und dazu die gewünschte URL angeben.

Hierzu wählt man "URL" und "Add". Anschließend sind die notwendigen Angaben vorzunehmen. Ein aussagekräftiger Titel ist gewünscht (Title), dann kann man sich ein Icon aussuchen (Icon Filename) und schließlich gibt man die URL, um die es gehen soll, an. Außerdem kann man noch entscheiden, ob die aufgerufene Homepage im gleichen Fenster erscheinen soll, in dem gerade gearbeitet wird, oder sich dafür ein neues Fenster öffnet. Mit dem Knopf "Add" ist die Aktion abgeschlossen und ein neuer Link sollte auf der Homepage sichtbar werden (und natürlich auch funktionieren).

A.2.12. Tipps für die Studierenden des Kurses

mit "Student Tips"

Wenn der Lehrende den Studierenden ein paar Tipps zukommen lassen möchte, kann er dies auch mit diesem Tool erledigen.

Dazu muss in den Designer Options "Add Tip" gewählt werden, dort die entsprechenden Eintragungen vorgenommen und mit "Add" bestätigt werden. Wie auch bei den anderen Tools können Eintragungen mit Edit geändert und mit Delete gelöscht werden.

A.2.13. Wie trägt man die Studierenden in den WebCT -Kurs ein?

Die Einträge nimmt der Lehrende (Designer) vor. Von seiner Homepage aus klickt er auf "Course Manage Course" und wählt im folgenden Fenster unter "Manage Students" die gewünschte Option.

Unter "Add or Modify" ist zunächst einmal festzulegen, wie die Studentendatenbank aufgebaut sein soll, d.h. welche Inhalte sie aufnehmen und entsprechend über welche Spalten sie verfügen soll. Dann lassen sich die Spalten mit folgenden Knöpfen organisieren:

Add:

Fügt eine Spalte hinzu. Dabei ist festzulegen, wie sie heißen und von welchem Typ sie sein soll. Hier stehen alphanumerisch, numerisch, Text und für Zahlen, die berechnet werden sollen ("calculated") zur Verfügung.

Delete: Löscht eine Spalte.

Move Left, Move Right:

Verschiebt die Spalte innerhalb der Tabelle.

Jede Spalte verfügt über eine Reihe von Charakteristika, die bei der Tabellenaufstellung festzulegen sind. Die Einstellungen für jede Kategorie werden dann unten auf der Seite neben dem Wort "Toggle" vorgenommen. Die Knöpfe dort sind entsprechend beschriftet.

Select:

Wählt die zu editierende Spalte aus.

Label:

Zeigt die Überschrift der Spalte.

Type:

Zeigt den festgelegten Typ der Spalte.

Alignment:

Legt die Ausrichtung fest (rechts. links, mittig).

Hidden:

Macht die Spalte zeitweise für den Designer unsichtbar, um bei vielen Spalten die Übersicht nicht zu verlieren.

Released:

Bestimmt, ob die Studierenden diese Spalte zu sehen bekommen. Ist das Tool "My Record" auf der Homepage platziert, kann jeder Student Einsicht in die in seiner Zeile der Datenbank eingetragenen Daten nehmen.

Statistics:

Statistische Berechnungen mit dieser Spalte durchführen.

Decimals:

Legt fest, ob und wie viele Dezimalzahlen bei einem Zahlentyp aufgenommen werden.

Account Creation:

Zeigt an, welche Spalten bei der Aufnahme neuer Studierenden in der Maske gezeigt werden, und in welche unbedingt ein Eintrag erfolgen muss.

Nachdem die Tabelle als Rohbau für die Studentendatenbank nun steht, können die Daten eingegeben werden. Mit "Back" gelangt man dieser Ebene eine zurück und ist wieder bei dem "Student Mgmt" angelegt. Der Knopf "Students" eröffnet eine weitere Ebene in der per "Add Student" nun die Studentendaten eingetragen werden können.

Natürlich ist es möglich, auch nachdem die Studierenden in die Datenbank aufgenommen wurden, noch Spalten hinzuzufügen. In diesem Fall kann man über "Edit" -Knopf – direkt über der entsprechenden Spalte auf der "Student Mmgt"-Seite – die Daten auch direkt in die Datenbank schreiben.

Quellenverzeichnis

http://www.WebCT.com, November 2001

http://www.rfg.fr.bw.schule.de

http://www.Spiegel.de, November 2001

http://www.Financial-Times.de, Mai 2001

http://www.Unicmind.de, November 2001

Studienleitfaden für das Lehrgebiet "Betriebliches Rechnungswesen Teil I", Prof. Dr. Jörg Schmidt, 2000

Studienleitfaden für das Lehrgebiet "Betriebliches Rechnungswesen Teil II", Prof. Dr. Jürgen Schmidt, 2001

Studienleitfaden für das Lehrgebiet "Betriebliches Rechnungswesen Teil III", Prof. Dr. Jörg Schmidt, 2000

Syllabus, September 1998, S. 1822, 57

http://193.25.32.50:8930/webct/public/show_courses.pl